Lo que el hielo y los glaciares

nos enseñan sobre la Tierra

Miriam Coleman

Traducido por Marcela Brovelli

Nueva York

Published in 2016 by The Rosen Publishing Group, Inc.
29 East 21st Street, New York, NY 10010

First Edition

Editor: Sarah Machajewski
Book Design: Katelyn Heinle
Translator: Marcela Brovelli

Photo Credits: Cover kavram/Shutterstock.com; p. 4 Duncan Payne/Shutterstock.com; p. 5 Joshua Raif/Shutterstock.com; p. 7 Wildnerdpix/Shutterstock.com; pp. 8, 9 Ruth Peterkin/Shutterstock.com; p. 10 http://commons.wikimedia.org/wiki/File:Taku_glacier_firn_ice_sampling.png; p. 11 W.E. Garrett/National Geographic/Getty Images; p. 12 Wayne Scherr/Science Source/Getty Images; p. 13 (crevasse) Dimos/Shutterstock.com; p. 13 (ice cave) Peter Adams/Taxi/Getty Images; p. 14 Hyde John/Perspectives/Getty Images; p. 15 Alan Majchrowicz/Photolibrary/Getty Images; p. 17 (ice sheet) aliengrove/Jon Bowles/Moment/Getty Images; p. 17 (iceberg) Sergey Shlyaev/Shutterstock.com; p. 18 (arête) Alpine Light & Structure/Moment Open/Getty Images; p. 18 (cirque) Matt Ragen/Shutterstock.com; p. 19 S.R.Lee Photo Traveller/Shutterstock.com; p. 21 Gardawind/Shutterstock.com; p. 22 Ignacio Palacios/Lonely Planet Images/Getty Images.

Library of Congress Cataloging-in-Publication Data

Coleman, Miriam.
  Lo que el hielo y los glaciares nos enseñan sobre la Tierra / Miriam Coleman, translated by Marcela Brovelli.
     pages cm. — (Las Ciencias de la Tierra: detectives de nuestro planeta)
  Includes bibliographical references and index.
  ISBN 978-1-4777-5751-2 (pbk.)
  ISBN 978-1-4777-5746-8 (6 pack)
  ISBN 978-1-4777-5753-6 (library binding)
  1. Glaciers—Juvenile literature. I. Title.
  GB2403.8.C65 2015
  551.31'2—dc23

Manufactured in the United States of America

CPSIA Compliance Information: Batch #WS15PK: For Further Information contact Rosen Publishing, New York, New York at 1-800-237-9932

CONTENIDO

MISTERIOS EN EL HIELO

¿Alguna vez te fijaste en una montaña muy alta o en un valle muy profundo y te preguntaste cómo aparecieron? En realidad, no fue de la nada. Muchos **paisajes** fueron formados por glaciares. Los glaciares son enormes masas de hielo que han dado forma a ríos, valles, cañones y montañas. Y también a toda la superficie de la Tierra a través de miles y miles de años.

Si bien estas gigantescas masas ocuparon y desaparecieron de muchos lugares, han dejado rastros que permiten saber qué sucedió hace mucho tiempo. En regiones donde aún hay glaciares, hoy se puede ver cómo estos continúan dándole forma a la Tierra.

Este valle fue formado por hielo glacial hace mucho tiempo.

¿Qué pistas se encuentran en el hielo y en los glaciares acerca de los paisajes de la Tierra y del cambio **climático**? ¡Vamos a averiguarlo!

¿QUÉ ES UN GLACIAR?

Los glaciares son gigantes **formaciones** de hielo, en movimiento lento. El hielo se acumuló en un lugar y al no derretirse se solidificó. Con el tiempo, las **capas** de nieve, una encima de la otra, endurecieron fuertemente y dieron origen a los glaciares.

Los glaciares pueden ser pequeños como un campo de fútbol o pueden tener cientos de millas de largo, y varias millas de espesor. Pueden tener miles o millones de años de antigüedad.

Hoy, los glaciares ocupan alrededor del 10 por ciento de la superficie de la Tierra, aunque alguna vez ocuparon mucho más territorio, incluyendo partes de los océanos.

PARA QUE SEPAS

El glaciar Lambert-Fisher, ubicado en la Antártida, es el más grande del mundo. ¡Mide 250 millas (400 km) de largo y 60 millas (100 km) de ancho!

Para muchos científicos, los glaciares son como grandes ríos de hielo que fluyen como el agua, solo que más lentamente.

Los glaciares se forman en regiones donde nieva mucho en invierno y el verano no es tan caluroso como para derretir la nieve. Antes, los glaciares ocupaban aproximadamente una tercera parte del planeta. Hoy, la mayoría de ellos se encuentran en los Polos Norte y Sur y en zonas de montañas altas.

La mayor parte del hielo glaciar (91 por ciento) está en la Antártida. En segundo lugar está Groenlandia, con la mayor cantidad de glaciares. En Estados Unidos hay glaciares en las cordilleras montañosas de muchos estados occidentales y en Alaska. En el Himalaya en Asia, en el Monte Kilimanjaro en África y en los Alpes en Europa, también hay glaciares.

El parque nacional Bahía Glaciar, en Alaska, tiene 16 glaciares. El parque se puede visitar para ver los glaciares, y también hay áreas para caminar, acampar, pescar, observar pájaros y mucho más.

PARA QUE SEPAS

Los glaciares contienen mucho más que pistas acerca del clima y la superficie de la Tierra. También contienen el 75 por ciento del suministro de agua potable, ¡pero está congelada!

GIGANTES DE HIELO

Los glaciares comienzan a formarse con las nevadas. Éstas, al ser continuas, en lugares muy fríos, la nieve no llega a derretirse y comienza a apilarse en capas. Así, el peso de la nieve nueva que cae **comprime** la nieve de más abajo. Esta **presión** transforma los cristales de nieve en cristales de hielo.

Con el tiempo, los cristales de hielo ganan tamaño. El aire entre los cristales es empujado a salir y, así, el hielo se vuelve muy espeso y pesado. La caída de más nieve aumenta el peso del hielo, que va acumulándose hasta convertirse en un glaciar. Este proceso puede llegar a durar más de cien años.

PARA QUE SEPAS

La neviza es el tipo de formación intermedia entre nieve y hielo que, al comprimirse se convierte en hielo glaciar.

Los científicos estudian las capas de un glaciar para conocer las diferencias entre los cristales y cómo estos se unen para que el glaciar se forme.

Los científicos aprenden mucho estudiando las distintas partes de los glaciares. En el área de acumulación, usualmente, la parte más alta del glaciar, la nieve que cae allí hace que éste aumente su tamaño.

Un glaciar puede presentar rajaduras gigantes, llamadas grietas. Esto es señal de que ciertas partes del glaciar se desplazan a diferente velocidad o que éste se desliza sobre otra superficie de hielo. Las cuevas congeladas de los glaciares demuestran que agua circuló a través o debajo del glaciar. Al derretirse el glaciar, las cuevas pueden **desplomarse**.

morrena

PARA QUE SEPAS

Al desplazarse, los glaciares recogen rocas y tierra, que liberan al derretirse. Este material que queda se llama morrena y sólo aparece en áreas en las que hay o alguna vez hubo hielo.

cueva de hielo

grieta

Las morrenas, grietas y cuevas de hielo son pistas que los científicos estudian para saber la actividad que tiene lugar en o alrededor de los glaciares.

GIGANTES DE MARCHA LENTA

A pesar de su gran tamaño, los glaciares se mueven. El peso de reciente nieve y hielo hace que el glaciar se mueva. Si más nieve cae sobre el glaciar antes de que pueda derretirse, el glaciar avanza o se mueve más rápidamente. Cuando el deshielo es mayor que la nieve que cae, el glaciar se retrae o retrocede.

Para los científicos, el movimiento glaciar es un buen **indicador** del cambio climático. La retracción de los glaciares es una señal de que la **temperatura** del planeta va en aumento. Esto preocupa a los científicos ya que el agua de los glaciares **mantiene** el equilibrio de muchos **ecosistemas**.

Sin glaciares, muchas criaturas de estos ecosistemas sufrirían.

La ballena jorobada vive en un ecosistema que está próximo a los glaciares. ¿Qué sucedería si los glaciares desaparecieran de esta área?

En esta fotografía se ve un glaciar en retracción. La tierra de color verde y marrón estuvo una vez cubierta de hielo que se ha derretido.

TIPOS DE GLACIARES

Existen muchos tipos de glaciares. El glaciar más grande se conoce como la capa de hielo continental y se encuentra únicamente en Groenlandia y en la Antártida. Estas formaciones tienen un rol muy importante, ya que determinan y mantienen el clima de la Tierra.

Las plataformas de hielo son como las capas continentales, pero más pequeñas. Mayormente se encuentran en sitios planos a gran altitud, cerca de los polos. Los glaciares campo de hielo se forman al conectarse los glaciares con las plataformas de hielo y adquieren su forma del suelo que está debajo. Los glaciares de montaña se forman en áreas de montañas altas. Y los glaciares de valle se deslizan hacia los valles desde los glaciares de montaña como enormes lenguas de hielo.

PARA QUE SEPAS

El glaciar de marea es aquel que al desplazarse llega hasta el mar. Los grandes bloques de hielo que se desprenden de estos glaciares se denominan icebergs.

iceberg

Esta fotografía muestra un glaciar que se está separando de una plataforma de hielo.

POCO A POCO CAMBIAN LA TIERRA

Los glaciares son importantes porque le han dado forma a gran parte del **terreno** del planeta. Al avanzar, con su gran peso, el hielo glaciar causa erosión o desgaste a la superficie de la tierra. Este potente movimiento es capaz de esculpir profundos valles y montañas.

Al desprenderse, en algunas partes de la montaña, el glaciar deja extensas depresiones con forma de cuenco, llamadas circos glaciares. También deja crestas angostas, llamadas estrías, y cuernos, en forma de cumbres puntiagudas.

circo glaciar

estrías

Cuando un glaciar se mueve de lugar, deja su huella allí por mucho tiempo. Al retirarse puede dejar crestas o montículos de roca y tierra. Y también lagos que se forman al derretirse el hielo.

cuerno

Los glaciares esculpieron estas formaciones hace miles de años. Gracias a ellos, hoy podemos disfrutar de bellísimos paisajes naturales.

En la última **era de hielo**, los glaciares cubrían cerca del 32 por ciento de la superficie de la Tierra. Con el clima cada vez más cálido y la nieve que se derrite con más frecuencia que la que cae, los glaciares han comenzado a reducirse. En los últimos cien años, algunos hasta han desaparecido.

El hielo glaciar encierra importantes datos que nos demuestran cómo ha cambiado el clima a través del tiempo. A veces, los científicos perforan un glaciar hasta llegar a su centro para analizar las burbujas de aire atrapadas en el hielo. Descubren qué composición tenía el aire al formarse el hielo.

También investigan si hay gases en el glaciar que pudieran tener un efecto en el clima si salieran al aire. Los resultados muestran los cambios que ha sufrido la Tierra y los que pudiera tener en el futuro.

Los glaciares en deshielo, como los que muestra la imagen, aumentan el nivel del mar. Esto podría dañar cultivos, poner en riesgo la cantidad de agua necesaria para la gente y los animales y, también, alterar el equilibrio de muchos tipos de ecosistemas.

PASADO Y PRESENTE

Los glaciares han ido modificando la forma de la Tierra durante millones de años, desde la antigua era glaciar hasta el presente. Estas gigantes masas de hielo movedizo, nacidas de pequeños copos de nieve, han dejado su marca por el mundo entero.

Al crecer y avanzar por el terreno, los glaciares recogen y congelan rastros de la historia de la Tierra. Al retraerse, estos **revelan** nuevos rastros que estudiar. Si aprendemos cómo leer ambos tipos de rastros, podremos aprender mucho acerca del pasado de la Tierra y, también, acerca de los cambios del presente.

GLOSARIO

capa: Cada una de las partes superpuestas que forman un todo.

clima: Referente al clima, condiciones del tiempo en un lugar y período de tiempo determinados.

comprimir: Presionar u oprimir algo con el fin de reducir su volumen.

desplomarse: Caer bruscamente.

ecosistema: Comunidad de seres vivos.

era de hielo: Período en que la mayor parte de la Tierra estaba cubierta de hielo.

formaciones: Estructura o material geográfico de características semejantes.

indicador: Algo que muestra el estado de algo determinado.

mantener: Sostener algo en un mismo estado.

paisaje: Características visibles de un terreno.

presión: Fuerza que empuja una cosa.

revelan: Exponen.

temperatura: Calor o frío del ambiente.

terreno: Formación de un área de tierra determinada.

ÍNDICE

SITIOS DE INTERNET

Debido a que los enlaces de Internet cambian a menudo, PowerKids Press ha creado una lista de los sitios Internet que tratan sobre el tema de este libro. Este sitio se actualiza con regularidad. Por favor, usa este enlace para ver la lista: www.powerkidslinks.com/det/glac